Onde Observar Aves em Lisboa

Gonçalo Elias

Onde Observar
Aves em Lisboa

Título: Onde Observar Aves em Lisboa
Autor (texto e mapas):   Gonçalo Elias
Foto da capa: Estrelinha-real *Regulus ignicapilla*
                           (Vasco Valadares)
Arte digital   :   C. Maria Elias
Produção: C. Maria Elias
Impressão: Kindle Direct Publishing
Distribuição: Amazon.com

1ª edição, Agosto 2021

ISBN: 979-8544817475

Print On Demand

Contacto: goncalo.elias@gmail.com

CONTENTS

Onde fica Lisboa

Lisboa é a maior cidade e a capital de Portugal. Situa-se junto à costa ocidental, na margem direita do rio Tejo. O concelho de Lisboa tem uma área de 100 km². Encontra-se limitado a sul e a leste pelo rio Tejo, a norte pelos concelhos de Loures e Odivelas e a oeste pelos concelhos da Amadora e Oeiras.

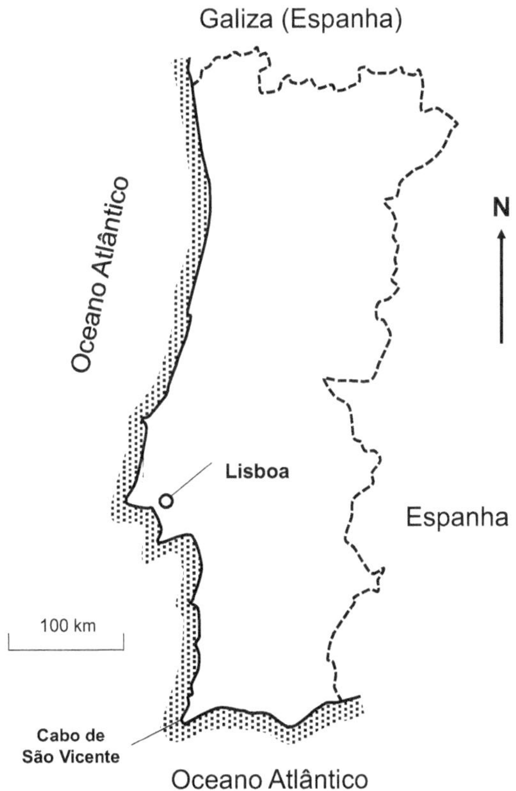

Mapa de Portugal com a localização de Lisboa, capital do país

Observar Aves em Lisboa

Lisboa oferece muitas oportunidades de observação de aves.

A cidade situa-se na margem direita do rio Tejo, junto ao estuário. Este estuário é o maior do país e atrai muitas aves aquáticas, principalmente fora da época de reprodução. Algumas áreas de lodos entre-marés situam-se junto à cidade e isso significa que é possível ver uma boa selecção de aves aquáticas, especialmente durante a maré baixa.

Além disso, como sucede na maioria das grandes cidades, existem vários parques e jardins. Muitos deles também são adequados para a observação de aves.

Neste pequeno livro, apresentamos uma série de locais de observação de aves em Lisboa, com o objectivo de ajudar qualquer pessoa que se interesse por aves selvagens a obter as melhores oportunidades de observação.

A selecção de locais foi feita levando em conta a diversidade de aves e a facilidade de acesso.

Para cada local é fornecida uma breve descrição, assim como uma lista das espécies mais interessantes que lá podem ser encontradas e ainda algumas sugestões sobre a melhor forma de explorar a área.

No total foram seleccionados nove locais. Três deles estão situados junto ao rio, estando os restantes espalhados pela cidade (ver mapa na página seguinte).

Os locais ribeirinhos são os seguintes:

- Belém (3) – fica na parte ocidental da cidade, perto de vários monumentos famosos
- Matinha (8) – situa-se na parte oriental do porto de Lisboa
- Parque do Tejo (9) - no extremo nordeste da cidade, com uma ampla vista sobre o estuário

Quanto aos parques e jardins, sugerem-se os seguintes:

- Monsanto (1) - esta é a maior mancha verde da cidade

- Tapada da Ajuda (2) - uma área murada situada logo a sul de Monsanto

- Parque Bensaúde (4) – é um pequeno parque na zona de Benfica, conhecido pelas suas três espécies de psitacídeos

- Jardim Calouste Gulbenkian (5) - pequeno parque com um lago, na parte central da cidade

- Quinta das Conchas (6) - parque de média dimensão na zona norte de Lisboa, não muito longe do aeroporto

- Parque da Bela Vista (7) - área aberta no alto de uma colina

Todos os sítios descritos neste livro podem ser facilmente alcançados de transporte público. Mais detalhes sobre esta opção são fornecidos no final do livro.

1. Monsanto
2. Tapada da Ajuda
3. Belém
4. Parque Bensaúde
5. Jardim Calouste Gulbenkian
6. Quinta das Conchas
7. Parque da Bela Vista
8. Matinha
9. Parque do Tejo

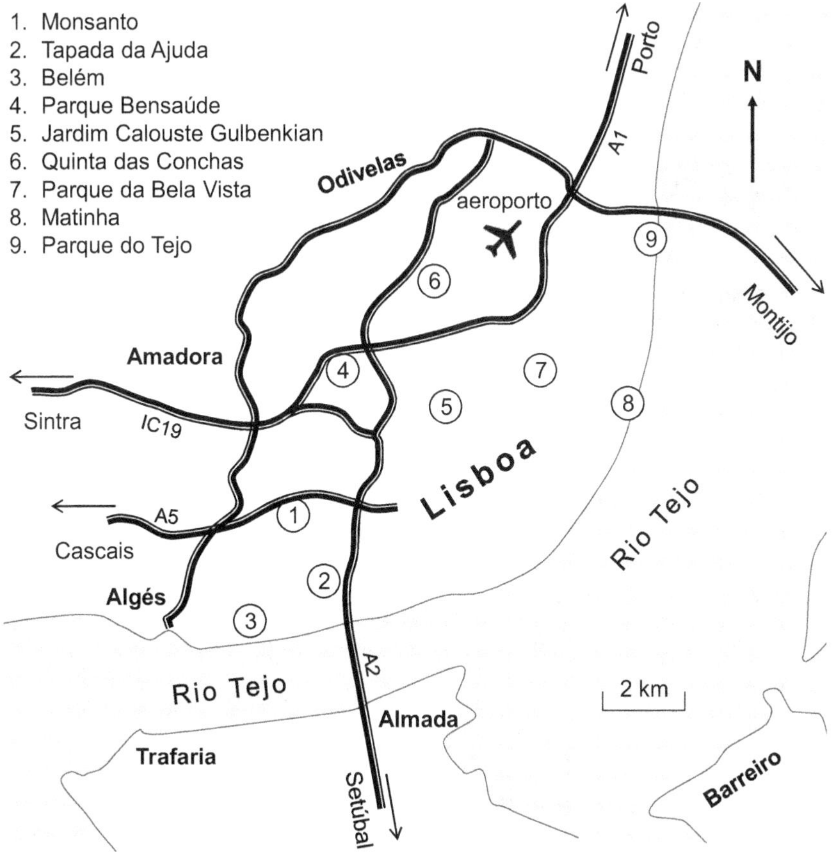

Mapa dos locais de observação em Lisboa

Monsanto

Este é o maior parque de Lisboa – fica a oeste da cidade. Embora seja atravessado por uma auto-estrada (A5), algumas áreas são reservadas a peões e oferecem boas oportunidades de observação de aves.

Aves

Residentes: perdiz, garça-nocturna, bútio-comum, pica-pau-malhado, alvéola-cinzenta, estrelinha-real, chapim-rabilongo, chapim-carvoeiro, trepadeira-comum, gaio, estorninho-preto, chamariz

Verão: rola-brava, andorinhão-preto, andorinhão-pálido

Outono / Inverno: petinha-dos-prados, tordo-comum, felosa-comum, papa-moscas-preto, lugre

Como visitar

A melhor maneira de chegar a esta zona é de carro, quer do sul (Alcântara), do leste (Amoreiras) ou do norte (Benfica). Existe estacionamento gratuito disponível em diversos pontos.

Há vários locais que vale a pena visitar. Para maior facilidade, consideram-se aqui dois sectores diferentes: a sul e a norte da A5.

A sul da A5, os melhores pontos são Montes Claros (A) e a Alameda Keil do Amaral (B). Em Montes Claros, existe um pequeno lago com patos; a alvéola-cinzenta é regular e a garça-nocturna aparece aqui ocasionalmente. Nas árvores circundantes costuma haver chapim-carvoeiro e chapim-rabilongo, bem como estrelinha-real.

A Alameda Keil do Amaral fica ligeiramente a nordeste de Montes Claros; é uma área pedonal que compreende um bosque e algumas clareiras. Este local possui uma rede de percursos, onde é possível observar aves tranquilamente. As aves desta zona incluem rabirruivo-preto, toutinegra-de-cabeça-preta, trepadeira-comum e estrelinha-real.

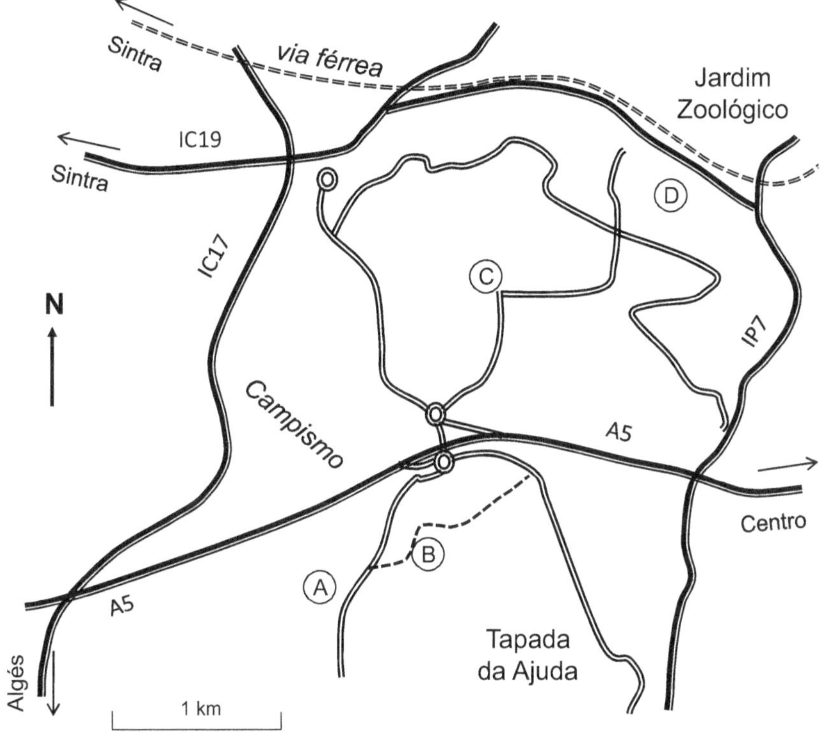

O sector a norte da A5 é maior, mas os locais para observação de aves podem ser um pouco mais difíceis de encontrar. No centro deste setor fica o Forte de Monsanto (C), atualmente usado como prisão. Logo a sul há alguns campos abertos, que abrigam fuinha-dos-juncos e, às vezes, cartaxo-comum. No inverno, costuma haver petinha-dos-prados.

A leste do Forte de Monsanto fica o Parque do Calhau (D) - esta zona, também acessível a pé a partir de Sete Rios (perto do zoo), tem a maior mancha de sobreiros da cidade.

Tapada da Ajuda

Um grande parque situado no extremo sul de Monsanto. Toda a área é murada e o tráfego automóvel é limitado. A zona encontra-se bem arborizada, mas também existem alguns terrenos abertos.

Aves

Residentes: perdiz, bútio-comum, peneireiro-vulgar, periquito-de-colar, pica-pau-malhado, rabirruivo-preto, fuinha-dos-juncos, toutinegra-de-cabeça-preta, estrelinha-real, chapim-carvoeiro, trepadeira-comum, gaio, chamariz, pintarroxo, bico-de-lacre

Verão: rola-brava, andorinhão-preto, andorinhão-pálido

Outono / Inverno: petinha-dos-prados, tordo-comum, felosa-comum, papa-moscas-cinzento, papa-moscas-preto, tentilhão

Como visitar

A entrada principal fica do lado sul, próximo da Rua Jau. Os veículos só podem entrar com autorização ou mediante o pagamento de uma pequena taxa de acesso. Em alternativa, é possível estacionar do lado de fora e entrar a pé, pois o acesso de peões é gratuito. Poderá ser solicitada uma identificação na portaria, embora isso nem sempre aconteça. A Tapada é formada por uma rede de estradas e caminhos. O movimento de carros concentra-se na metade sul, por isso é preferível ir para a parte norte da Tapada, que é muito mais tranquila.

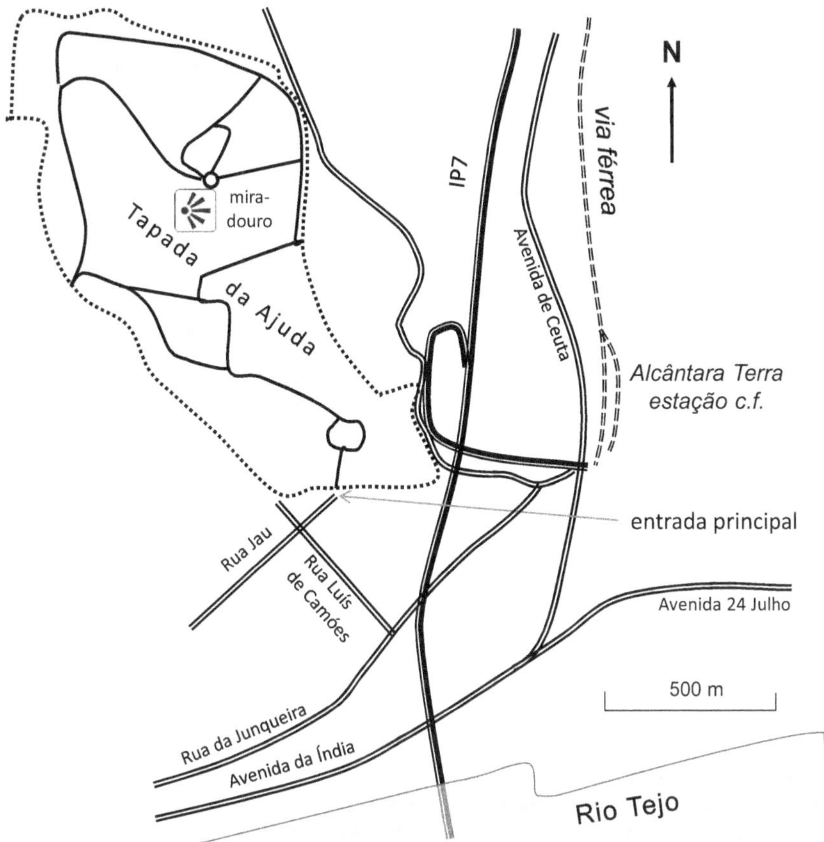

Logo após a entrada, surge o grande edifício do Instituto Superior de Agronomia; nos campos circundantes é possível avistar perdiz, peneireiro, andorinha-das-chaminés, fuinha-dos-juncos e, por vezes, pintarroxo. As árvores circundantes costumam ter rola-turca e verdilhão, enquanto o tentilhão é regular no Inverno.

À medida que os edifícios ficam para trás, entra-se na zona mais densamente arborizada da Tapada. Entre as aves típicas daqui, são de referir: rola-brava, estrelinha-real, gaio e várias espécies de chapins.

No ponto mais alto da Tapada, existe uma rotunda com um grande pinheiro-manso no meio. Um pouco a sul desta rotunda, há um miradouro, de onde é possível avistar a cidade e o rio. Aqui podem frequentemente ser vistos andorinhas e andorinhões.

Belém

A zona de Belém é muito procurada pelos turistas, principalmente devido aos seus monumentos, que fazem parte da Lista do Património Mundial. Nesta zona é possível encontrar algumas aves interessantes.

Aves

Residentes: gaivota-argêntea, rabirruivo-preto, estrelinha-real, trepadeira-comum, mainá-de-crista, estorninho-preto

Inverno: corvo-marinho-de-faces-brancas, pilrito-das-praias, maçarico-das-rochas, rola-do-mar, gaivota-de-cabeça-preta, guincho, gaivota-d'asa-escura, garajau-comum, petinha-dos-prados, estorninho-malhado

Como visitar

São dois os principais locais de interesse – o grande jardim denominado Praça do Império, mesmo em frente ao Mosteiro dos Jerónimos, e a zona envolvente da Torre de Belém, um pouco a oeste.

A Praça do Império é o melhor local em Lisboa para encontrar o exótico mainá-de-crista. Esta ave, que actualmente já está muito espalhada, pode ser vista com frequência nos jardins e foi encontrada a nidificar no Mosteiro dos Jerónimos. Outras aves que ocorrem nos jardins são a trepadeira-comum, a estrelinha-real e o estorninho-preto.

Não muito longe daqui, perto da famosa pastelaria 'Pastéis de Belém', fica o Jardim Botânico Tropical, que também abriga várias aves terrestres. O exótico papagaio-do-senegal já aqui foi registado.

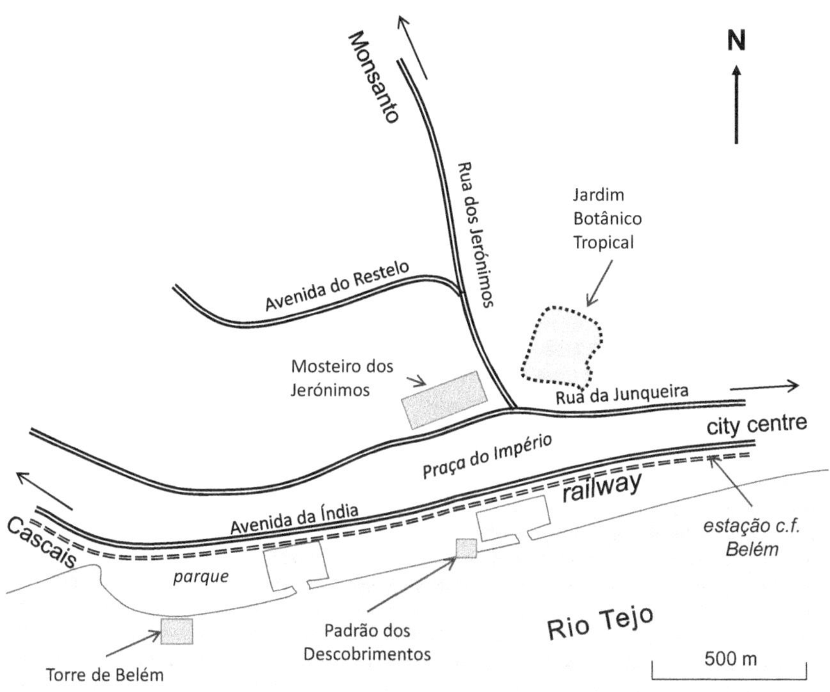

A margem do rio Tejo é formada por uma longa parede inclinada. Durante a maré baixa, algumas lamas e areias ficam expostas, especialmente junto à Torre de Belém, e por vezes algumas limícolas, sobretudo rolas-do-mar e pilritos-das-praias, vêm alimentar-se junto à parede. As gaivotas são frequentes ao longo do rio, sendo as espécies mais comuns a gaivota-de-cabeça-preta, o guincho, a gaivota-d'asa-escura e a gaivota-argêntea (esta última pode ser vista durante todo o ano e possivelmente nidifica na área). O corvo-marinho-de-faces-brancas é regular no Outono e no Inverno, sendo geralmente visto em voo baixo sobre a água. Quando as condições meteorológicas são mais adversas, algumas aves marinhas podem entrar no rio – já aqui foram observados gansos-patolas.

Parque Bensaúde

Este pequeno parque, no sector noroeste da cidade, é conhecido por ser um local de ocorrência regular do papagaio-do-senegal.

Aves

Residentes: pombo-torcaz, periquito-de-colar, periquitão-de-cabeça-azul, papagaio-do-senegal, pica-pau-malhado, rabirruivo-preto, toutinegra-de-cabeça-preta, estrelinha-real, chapim-carvoeiro, trepadeira-comum, gaio, estorninho-preto, chamariz

Verão: rola-brava, andorinhão-pálido, andorinha-dos-beirais, andorinha-dáurica

Outono / Inverno: felosa-comum, papa-moscas-preto, tentilhão

Como visitar

Fica perto do estádio de futebol da Luz e pode ser acedido de metro (estação Laranjeiras ou Alto dos Moinhos). O parque possui duas entradas, uma do lado nascente e outra, mais pequena, do lado norte.

Este parque é formado por grandes árvores de várias espécies, incluindo uma alameda de plátanos. Há também uma pequena horta.

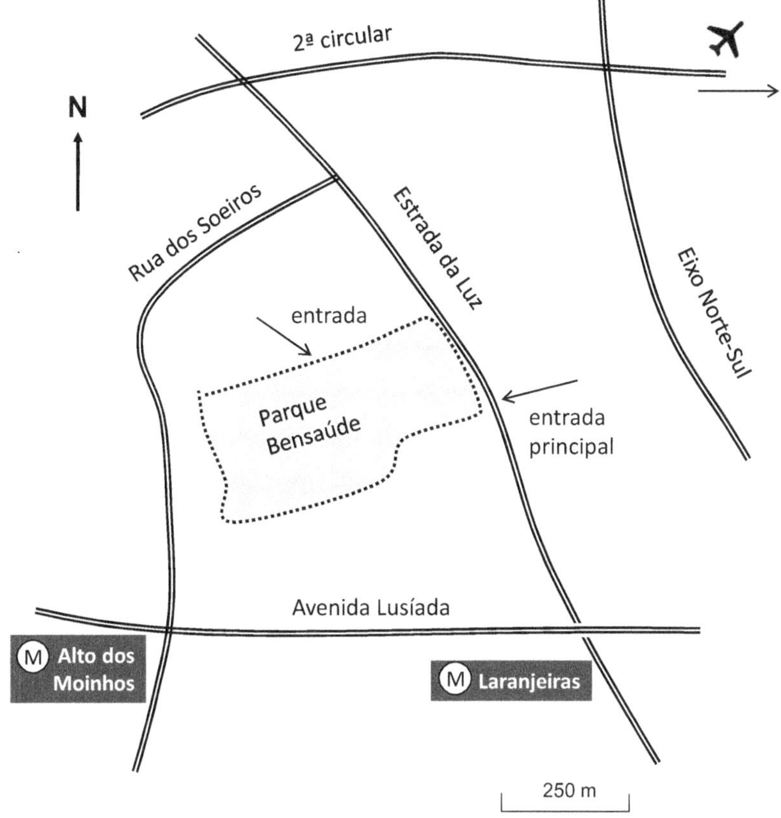

Ao entrar pelo portão principal, o caminho começa a subir a colina. Do lado direito surge a horta já referida, que vale a pena inspeccionar, pois é muito usada por aves, que aqui vêm alimentar-se.

A metade superior (oeste) do parque tem árvores maiores e é aqui que são normalmente encontrados os psitacídeos. O papagaio-do-senegal tem sido regularmente registado e é possível que a reprodução ocorra nas proximidades. Essas aves costumam ficar empoleiradas em grandes plátanos ou eucaliptos. Os plátanos não têm folhas no Inverno e, portanto, as aves podem ser mais facilmente avistadas nesta época do ano. O periquito-de-colar e o periquitão-de-cabeça-azul também são registados regularmente e por isso, com sorte, é possível ver as três espécies exóticas durante a mesma visita.

Além dos psitacídeos, este parque também alberga várias espécies de passeriformes. Algumas destas são residentes, enquanto outras, como o papa-moscas-preto, podem ser encontradas na migração. A rara felosa-bilistada já foi registada aqui em várias ocasiões e poderão ocorrer outras surpresas!

Jardim Calouste Gulbenkian

Este é um agradável jardim com árvores de grande porte e um pequeno lago. É um local bastante sossegado, que permite fazer uma pequena pausa para observar aves. É o melhor local de Lisboa para ver galinha-d'água.

Aves

Residentes: ganso-do-egipto (feral), pato-real (feral), galinha-d'água, pombo-torcaz, periquito-de-colar, alvéola-branca, carriça, melro, toutinegra-de-barrete, chapim-carvoeiro, chapim-azul, trepadeira-comum, estorninho-preto, pardal-comum, chamariz, verdilhão

Verão: andorinhão-preto, andorinhão-pálido, andorinha-das-chaminés

Inverno: gaivota-d'asa-escura, guarda-rios

Como visitar

Este local só pode ser visitado a pé. Existem vários portões, com o principal no lado norte e os menores nos lados leste e oeste.

A principal característica deste jardim é o lago que fica no meio, logo atrás do edifício principal. Geralmente há patos-reais e gansos-do-egipto (mas estas aves são essencialmente ferais). A galinha-d'água também ocorre regularmente e nidifica no parque, mas refugia-se na vegetação densa quando há demasiada perturbação. O guarda-rios já foi registado fora da época dos ninhos.

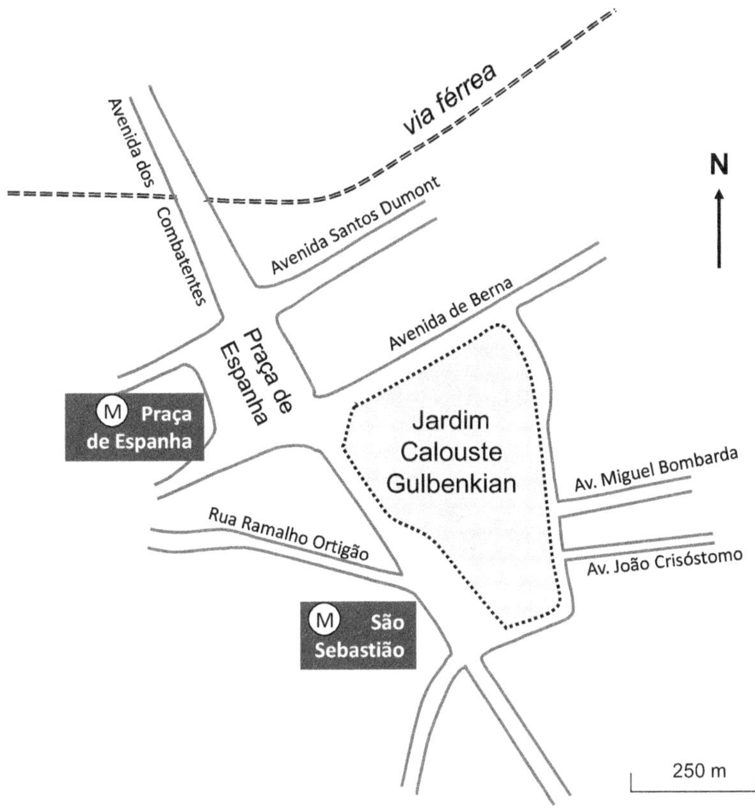

Também vale a pena inspecionar as áreas circundantes, que são cobertas por uma vegetação mais ou menos densa. Nas árvores é possível avistar aves comuns de jardim como o pombo-torcaz, a toutinegra-de-barrete, chamariz e o verdilhão. Os exóticos periquitos-de-colar são vistos regularmente neste local, fazendo-se notar pelos seus chamamentos ruidosos.

Nas áreas mais abertas, cobertas de relvado, é possível avistar a alvéola-branca, o melro-preto e o ubíquo pardal-comum.

Quinta das Conchas

Este parque de tamanho médio (24 ha) fica na zona norte da cidade. Uma parte está coberta com relvado, o resto é mais arborizado.

Aves

Residentes: ganso-do-egipto (feral), pombo-torcaz, periquito-de-colar, periquitão-de-cabeça-azul, toutinegra-de-barrete, estrelinha-real, chapim-carvoeiro, trepadeira-comum, gaio, estorninho-preto, chamariz

Verão: andorinhão-pálido, andorinha-dos-beirais

Inverno: guincho, tordo-comum, tentilhão

Como visitar

Situa-se perto do estádio de futebol Alvalade XXI e é servido por metro (Quinta das Conchas). Existem vários portões, mas o principal fica do lado sul.

O parque é atualmente formado por duas secções: a Quinta das Conchas na metade sul e a Quinta dos Lilases na metade norte (esta última é menor). Cada uma dessas secções tem um pequeno lago, mas estes lagos são pouco interessantes para as aves aquáticas - as únicas espécies regulares são o ganso-do-egipto (feral), o pato-real e, às vezes, gaivotas.

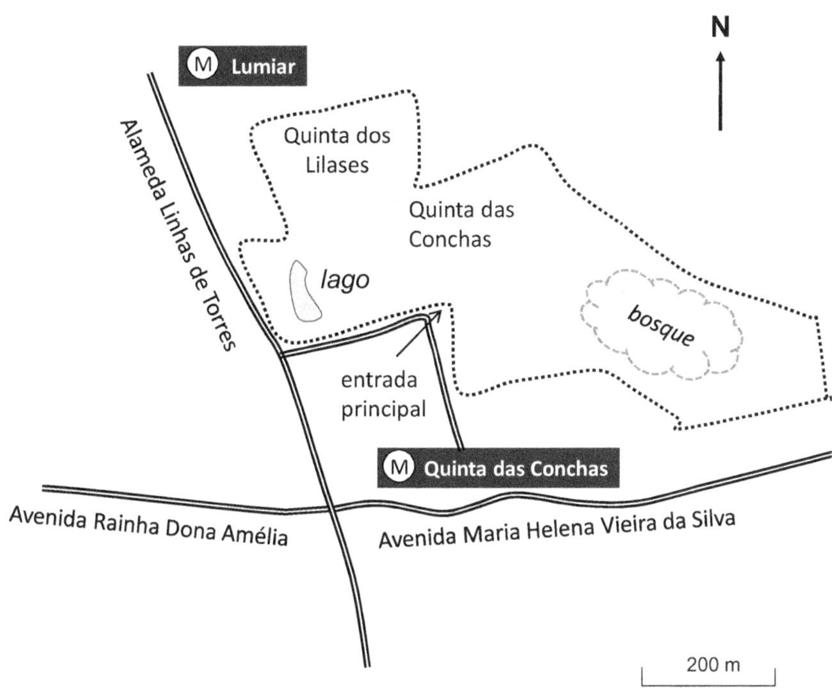

A parte oeste do parque (situada a uma cota inferior) encontra-se coberta por um grande relvado com algumas árvores dispersas. Aqui é possível avistar pombo-torcaz, alvéola-branca, melro e estorninho-preto. As árvores maiores são frequentemente utilizadas como poleiro por pequenos bandos de periquitão-de-cabeça-azul – este parque é, provavelmente, um dos melhores locais da cidade para ver este exótico papagaio, que pode já estar a nidificar na zona. Os periquitos-de-colar também são comuns por aqui. O tentilhão ocorre no Inverno.

À medida que se avança para o interior do parque, chega-se à parte superior, onde existe um bosque pequeno, mas bastante denso. Aqui é possível encontrar estrelinha-real, chapim-carvoeiro, trepadeira-comum e gaio, assim como alguns fringilídeos.

No verão toda a área é visitada por andorinhões-pálidos e muitas andorinhas (sobretudo das-chaminés e dos-beirais).

Parque da Bela Vista

Situado no topo de uma colina na parte oriental de Lisboa, este parque é uma das maiores áreas abertas da cidade. É formado por uma mistura de relvado e pequenos bosquetes de pinheiros, oliveiras e sobreiros.

Aves

Residentes: pombo-torcaz, periquito-de-colar, poupa, cotovia-de-poupa, rabirruivo-preto, toutinegra-de-cabeça-preta, estrelinha-real, chapim-carvoeiro, trepadeira-comum, estorninho-preto, chamariz

Verão: andorinhão-preto, andorinha-dos-beirais

Inverno: tentilhão, petinha-dos-prados, estorninho-malhado

Como visitar

A entrada principal fica do lado oriental. O acesso de veículos não é permitido, mas há estacionamento gratuito do lado de fora do portão.

Vários caminhos percorrem o parque e a melhor abordagem consiste em seguir os mais externos, a fim de completar um grande círculo em redor da área.

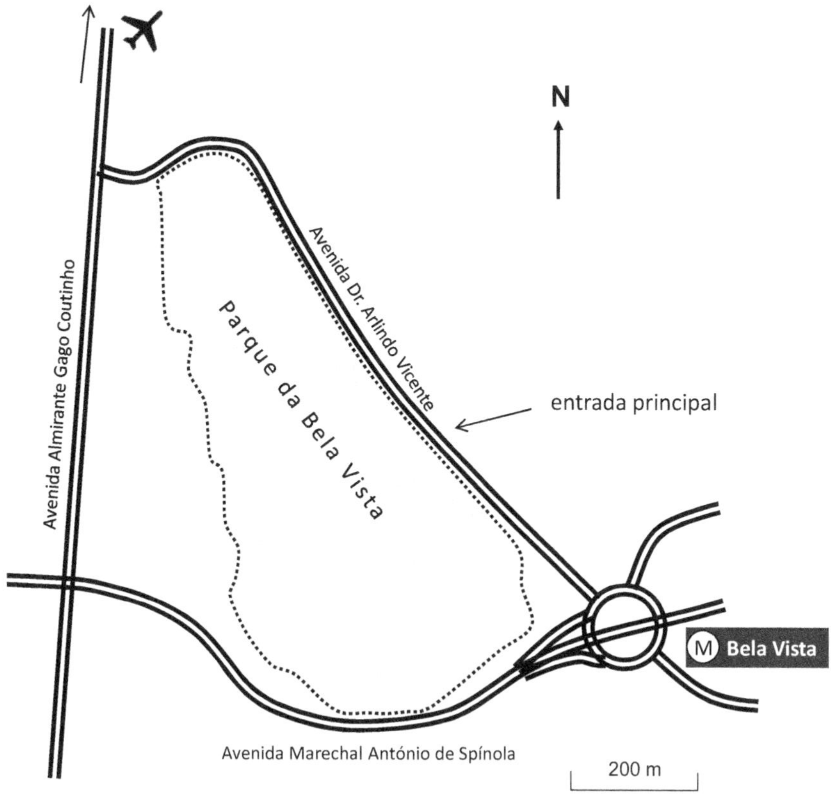

As áreas mais abertas, cobertas com relvado, têm alvéola-branca e cotovia-de-poupa, enquanto petinha-dos-prados é um visitante de Inverno e poupa é vista ocasionalmente.

O pinhal é o melhor local para procurar estrelinha-real, chapim-carvoeiro e trepadeira-comum. As melhores manchas de pinheiros encontram-se nas partes leste e sul do parque.

Do lado poente existe uma pequena área de sobreiros, que também vale a pena explorar.

No que se refere a periquitos exóticos, já aqui foram registados tanto o periquito-de-colar como o periquitão-de-cabeça-azul, embora este último pareça ser mais comum na metade ocidental da cidade, surgindo aqui apenas ocasionalmente.

Este parque é pouco visitado por observadores de aves, por isso a informação disponível é escassa; é possível que outras espécies de interesse ocorram aqui, em especial durante as épocas de migração.

Matinha

Este local faz parte do porto de Lisboa e situa-se na margem do Tejo, muito perto do estuário. Durante a maré baixa, a Matinha é um bom local para procurar aves aquáticas, principalmente limícolas.

Aves

Residentes: gaivota-argêntea, rabirruivo-preto, estorninho-preto, pardal-comum, chamariz

Inverno: corvo-marinho-de-faces-brancas, garça-branca-pequena, garça-real, alfaiate, borrelho-grande-de-coleira, borrelho-de-coleira-interrompida, pilrito-das-praias, pilrito-comum, maçarico-das-rochas, rola-do-mar, guincho, gaivota-de-cabeça-preta, garajau-comum

Como visitar

Situada na margem do Tejo, a zona da Matinha é constituída por uma grande secção de lamas estuarinas, pelo que é um dos melhores locais da cidade para procurar aves aquáticas, nomeadamente garças, limícolas e gaivotas. É possível ir até lá de carro, mas apenas se circular no sentido sul-norte. Se vier de norte para sul, siga até à rotunda junto ao Poço do Bispo e daí siga para norte uns 600 metros até aparecer uma saída. Tome-a e procure uma grande estrutura metálica que fica no final de um cais. Estacione perto desse cais e observe a partir daí.

Este local é mais interessante no Outono e no Inverno, especialmente durante a maré baixa. Geralmente há muitas gaivotas, sendo o guincho e a gaivota-d'asa-escura as espécies dominantes. Também podem aparecer bandos de gaivotas-de-cabeça-preta, por vezes logo em Julho. A garça-real é regular e, por vezes, aparece a garça-branca-pequena. Mais raramente, há flamingos – em Janeiro de 2009, havia seis alimentando-se neste local. O colhereiro também já foi visto por aqui.

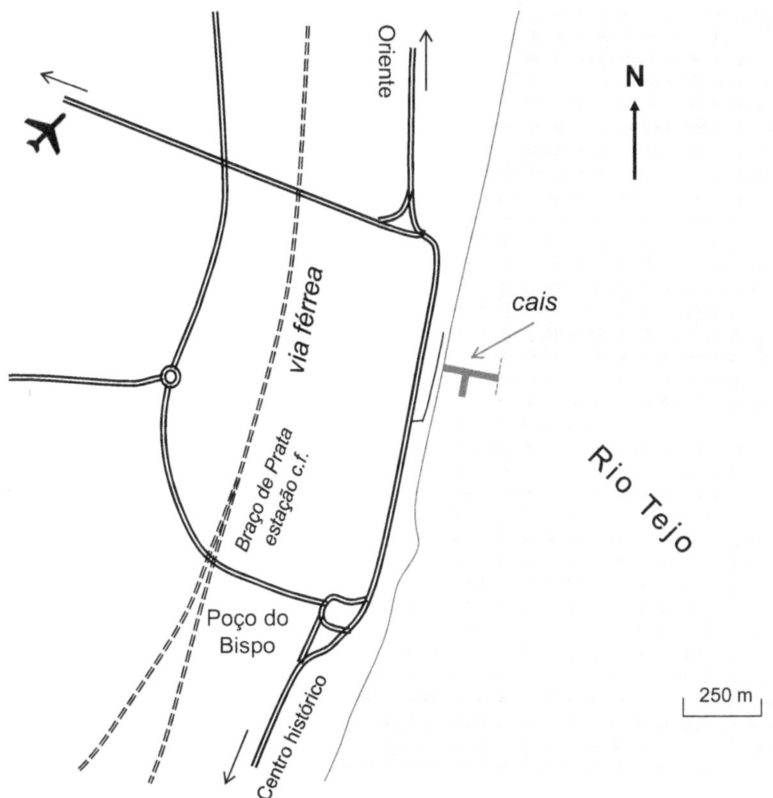

Fora da época de reprodução, é possível encontrar pequenos bandos de limícolas. As espécies habituais são borrelho-grande-de-coleira, rola-do-mar, maçarico-das-rochas e pilrito-das-praias, mas por vezes surgem outras espécies, incluindo alfaiate, pilrito-comum e borrelho-de-coleira-interrompida. Este local também atrai muitos corvos-marinhos-de-faces-brancas, que gostam de pousar na estrutura metálica mencionada acima – durante o período de Inverno, este poleiro pode conter mais de 100 indivíduos.

Parque do Tejo

Este é um parque na margem do rio Tejo, muito próximo do estuário.

Aves

Residentes: pato-real, garça-branca-pequena, peneireiro-vulgar, falcão-peregrino, cotovia-de-poupa, rouxinol-bravo, fuinha-dos-juncos, estorninho-preto, chamariz, bico-de-lacre

Inverno: marrequinha, corvo-marinho-de-faces-brancas, garça-boieira, garça-real, colhereiro, flamingo, tartaranhão-dos-pauis, alfaiate, tarambola-cinzenta, borrelho-grande-de-coleira, pilrito-pequeno, pilrito-comum, maçarico-de-bico-direito, fuselo, maçarico-galego, maçarico-das-rochas, perna-vermelha, gaivota-de-cabeça-preta, guincho, gaivota-d'asa-escura, garajau-comum petinha-dos-prados

Como visitar

O parque situa-se no extremo nordeste da cidade, a cerca de 1 km a norte da estação ferroviária do Oriente e próximo da grande ponte Vasco da Gama. Há estacionamento gratuito disponível logo abaixo da ponte. O parque é composto por relvados e algumas árvores. Vários caminhos cruzam o parque e as aves costumam ser confiantes.

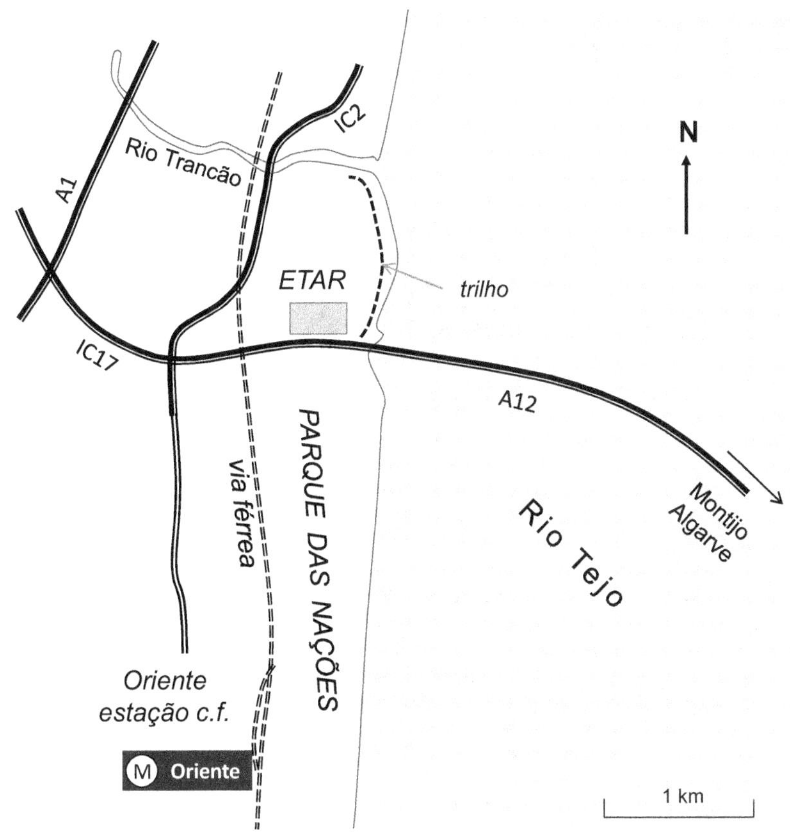

O percurso mais interessante é o que vai para norte junto ao rio Tejo. Trata-se de um trilho com cerca de 1 km de extensão, que leva à foz do rio Trancão, um afluente do Tejo. Ao longo do caminho é possível avistar muitas aves aquáticas, nomeadamente limícolas, gaivotas, corvos-marinhos e, por vezes, flamingos.

As aves aquáticas são mais numerosas fora da época de reprodução, ou seja, de Agosto a Abril (no final da Primavera e no início do Verão, o número de aves é geralmente muito baixo).

Refira-se também que este sector é mais interessante durante a maré baixa. Quando a maré está alta, os lodos lama não ficam expostos e a maioria das aves encontra-se nos seus refúgios de preia-mar.

A ponte também deve ser inspeccionada: é frequentemente utilizada por um ou dois falcões-peregrinos - estas aves usam os grandes pilares como poleiro e por vezes são vistas a voar, enquanto caçam pombos domésticos. A ETAR que fica logo a norte da ponte também merece uma olhada, pois às vezes atrai gaivotas e limícolas.

Transporte público

Se não tem carro, pode ainda assim visitar todos os locais descritos neste livro utilizando os transportes públicos (metro ou autocarro).

A rede de autocarros de Lisboa chama-se Carris; Os horários e preços dos bilhetes podem ser consultados online em http://www.carris.pt/. Quanto ao metropolitano, o site é http://www.metrolisboa.pt/.

Na lista seguinte encontra dicas sobre como chegar a cada local.

- Monsanto - para o sector sul, autocarros 723 e 729, saída em 'Montes Claros'; para o sector norte, o autocarro 711 pára em 'Monsanto' e na 'Luneta dos Quartéis'; para o Parque do Calhau, metro Linha Azul até ao Jardim Zoológico

- Tapada da Ajuda - autocarro 760 ou eléctrico 18, saída na paragem 'Pavilhão Desportivo Ajuda'

- Belém - autocarros 714, 727, 728, 729, 751 ou eléctrico 15, saída 'Mosteiro Jerónimos'; outra possibilidade é apanhar o comboio no Cais do Sodré e sair em Belém

- Parque Bensaúde - metro: Linha Azul para Laranjeiras ou Alto dos Moinhos; autocarros 701, 726 e 764, saída na paragem 'Bº São João'

- Jardim Calouste Gulbenkian: - metro: Vermelho ou Linha Azul até S. Sebastião ou Linha Azul até Praça de Espanha; autocarros 716, 726 e 756, saia na paragem 'Praça Espanha / Av. Berna''

- Quinta das Conchas - metro: Linha Amarela até Quinta das Conchas; autocarros 717, 736 e 796, saia na paragem 'Av. Rainha Dona Leonor' ou na 'Quinta das Conchas'

- Parque da Bela Vista - metro: Linha Vermelha até Bela Vista; autocarros 755 e 794, saia na paragem 'Parque da Bela Vista'

- Matinha - metro: Linha Vermelha para Oriente, depois caminhe para sul; autocarros 728 e 781, saia na paragem 'Matinha'

- Parque do Tejo - metro: Linha Vermelha para Oriente, depois caminhe para norte ou apanhe o autocarro 26B ou 708 para 'Rossio de Levante' ou 'Passeio Tejo'